ÉLOGE

HISTORIQUE

DE M. GEORGES-LOUIS

PHELYPEAUX D'HERBAULT,

PATRIARCHE, ARCHEVÊQUE DE BOURGES, PRI-
MAT DES AQUITAINES, COMMANDEUR-CHANCE-
LIER DES ORDRES DU ROI, SUPÉRIEUR DE LA
MAISON ET SOCIÉTÉ ROYALE DE NAVARRE, &c.

PRÉSENTÉ AU ROI,

Par M. BLIN DE SAINMORE, Hiſtoriographe
de ſes Ordres.

Prix 1 ʰ 4 ˢ.

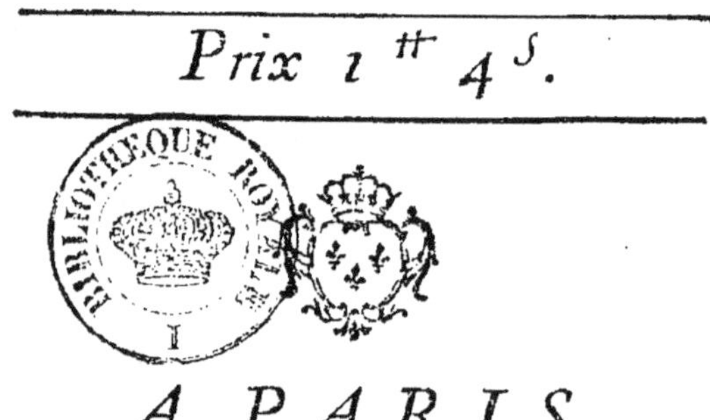

A PARIS.

IMPRIMÉ, ſous la direction de M. CLOUSIER, Imprimeur
du ROI, par les ENFANS-AVEUGLES, & ſe vend à leur
profit en leur Maiſon d'Inſtitution, rue Notre-Dame-des-
Victoires, N°. 18; & chez CLOUSIER, rue de Sorbonne.

AVEC APPROBATION, & PRIVILÈGE DU ROI.

1788.

AVERTISSEMENT.

Ce Précis historique de la Vie de feu M. l'Archevêque de Bourges, a été composé & imprimé peu de tems après sa mort. Des circonstances particulières dont il est inutile d'entretenir le Lecteur, en ont retardé la publication jusqu'à ce moment-ci.

C'est sans doute honorer la mémoire d'un Prélat si recommandable par sa Bienfaisance & son Patriotisme, que de faire imprimer son Éloge par les Enfans-Aveugles, instruits par M. Hauy & secourus par la Société Philantropique, & d'en consacrer le produit de la vente

aux progrès d'une Institution aussi Patriotique que bienfaisante & dont le Prélat
avoit vu lui-même l'origine avec le plus
vif intérêt.

ÉLOGE

HISTORIQUE

DE M. L'ARCHEVÊQUE

DE BOURGES.

Nos tamen hæc quocumque modo tibi nostra vicissim
Dicemus, Daphnim que tuum tollemus ad Astra.

VIRG. BUC. V.

LES BONS ROIS , les Ministres
Patriotes, les habiles Généraux, les Écrivains distingués, tous ces Hommes ex-
traordinaires qui ont jeté sur leur Siècle
une lumière resplendissante, n'ont sans

A

doute pas befoin d'être célébrés au moment où ils paient à la Nature le tribut
commun de l'Humanité. Ce qu'ils ont
fait d'utile & d'éclatant eft fans ceffe pré-
fent aux yeux de leurs Contemporains ;
leur gloire toute entière les accompagne
jufque dans le tombeau , & même leur
furvit long-tems après qu'ils ont difparu.
Eh ! que peut pour leur Mémoire un Pa-
négyrifte quelqu'éloquent, quelque fubli-
me qu'il foit? Loin de rien ajouter à l'opinion du moment, ne doit-il pas craindre
de refter au deffous de leur renommée &
d'en affoiblir l'éclat ? Alors il n'appar-
tient donc plus qu'à l'Hiftoire de tranf-
mettre à la Poftérité le fouvenir de leurs
talens & de leurs vertus.

Mais ces Hommes timides & modef-
tes qui, placés fur un moins vafte Théâ-
tre, ont dérobé leur mérite au grand

jour, & n'ont exercé leur bienfaifance que dans le filence & dans l'intimité, n'ont-ils pas acquis également des droits à l'amour, à la reconnoiffance & à la vénération de leurs Concitoyens ? Et lorsque ces Hommes fouvent fi méconnus, fi mal jugés & même quelquefois calomniés, viennent à terminer leur carrière, les laiffera-t-on confondre avec ces Égoïftes obfcurs qui n'ont vécu que pour eux feuls, & dont l'exiftence & l'anéantiffement font indifférens à l'Humanité? Laiffera-t-on enfouir avec eux dans leur fépulture les titres de leur gloire, & le grand exemple qu'ils ont laiffé ? N'eft-il pas jufte que du moins après leur mort la vérité fe faffe entendre & que fa main déchire fur leur tombe le voile qui pendant leur vie cachoit aux yeux de la foule tous les tréfors renfermés dans leur âme?

A 1

Un des devoirs les plus doux de la re-connoiſſance eſt de révéler ce ſecret. C'eſt à elle à forcer enfin l'ingratitude à décerner à ces Hommes modeſtes & vertueux la récompenſe qui leur eſt due.

L'enchaînement des circonſtances avoit placé dans cette ſeconde claſſe M. l'Archevêque de Bourges que la mort vient d'enlever à ſa Famille, à ſes Amis dont il étoit adoré, aux malheureux dont il étoit le Père & le défenſeur, aux Or-dres du Roi dont il a adminiſtré pendant 17 ans les finances avec autant de juſtice que d'intégrité. En attendant qu'une bouche éloquente (1) conſacre à ſa Mé-moire un monument plus digne de lui, qu'il me ſoit permis de recueillir quel-

(1) M. l'Abbé Fauchet, Prédicateur ordinaire du Roi, Vicaire-Général de Bourges, &c. eſt chargé de prononcer l'Oraiſon Funèbre de M. Phélypeaux, dans la Cathédrale du Berry.

ques traits de cette affabilité , de cette franchife , de cette fenfibilité , de cette bonté inépuifable qui formoient le caractère de ce vertueux Prélat! je ne veux d'autre art pour intéreffer le Lecteur que le récit exact & fidèle de ce qu'il a fait pour le bonheur de fes femblables, & ce n'eft pas ici que la vérité a befoin d'ornemens. C'eft en imitant la fimplicité du modèle que je puis préfenter à ceux qui l'ont connu, un portrait qui leur retrace fa reffemblance. Heureux , fi je parviens à faire rendre à fa mémoire une juftice que lui refufoit de fon vivant la multitude aveugle & fuperficielle !

Georges-Louis PHÉLYPEAUX D'HERBAULT , étoit né au Château d'Herbault, Diocèfe d'Orléans , le 25 Décembre 1729 , de Georges PHÉLYPEAUX , Seigneur d'HERBAULT , Lieutenant pour le Roi, de l'Orléanois au département de Blois, & de Marie-Anne-Louife DE QUÉROUARTZ d'une des plus anciennes Maifons de Bretagne. La Famille de PHÉLYPEAUX en moins de deux fiècles a reçu prefque tous les genres d'illuftrations, foit par les grandes alliances qu'elle a contractées, foit par les dignités qu'elle a réunies. Elle a fourni dans cet intervalle de tems un grand nombre d'Officiers Généraux, fix Chevaliers de Malthe, fept Commandeurs des Ordres du Roi, trois Evêques, deux Archevêques, onze Secrétaires ou Miniftres d'État, un Duc héréditaire & un Chancelier de France.

Le jeune PHÉLYPEAUX annonça de bonne heure les plus heureufes difpofitions pour l'étude des belles Lettres. Un efprit vif & jufte, un jugement fain, un goût fûr & délicat, un cœur droit & fen-

fible, voilà ce que fes Inftituteurs remar-
quèrent en lui & fe plurent à y dévelop-
per. Il avoit d'abord eu un penchant
décidé pour la profeffion des Armes, &
il l'auroit fuivi, fi des arrangemens de Famille ne s'y fuffent oppofés. Ses Parens
le deftinèrent à l'État Eccléfiaftique, & il
facrifia fans peine fon premier penchant
à leur volonté. Dès-lors fon ardeur mar-
tiale fe changea en une application opi-
niâtre à toutes les études convenables
à la carrière qu'il alloit parcourir.

A peine eut-il reçu la Prêtrife, que M.
le Cardinal de la Rochefoucaud, alors
Archevêque de Bourges, le choifit pour
fon Grand-Vicaire. Peu de tems après,
cette Éminence mourut. Le Chapitre,
le Diocèfe entier demandèrent le jeune
Phélypeaux pour Archevêque; & Louis
XV, en le nommant, ne fit que céder

au vœu de toute la Province du Berry.
Le Brevet du Roi eſt du 15 Août 1757.
Il n'avoit alors que 27 ans. Éloigné de
cette aveugle préſomption qui accom-
-pagne ordinairement la jeuneſſe, le nouveau Prélat ſe méſioit de ſes forces; &
pour mieux ſoutenir le fardeau qui lui
étoit impoſé, il aſſocia à ſes travaux les
hommes les plus vertueux & les plus
éclairés. Ce fut alors qu'il ſe livra ſans
réſerve à cette affection tendre, à cette
ſollicitude paternelle qui le firent adorer
pendant trente ans du troupeau confié à
ſes ſoins. Il ſe dévoua tout entier à ſon
édification, à ſon bonheur, à ſa proſpérité. Il ne l'appeloit que ſa Famille; il ne
ſe trouvoit bien qu'au milieu de ceux
qu'il regardoit comme ſes Enfans; &
lorſque ſes fonctions de Chancelier des
Ordres du Roi l'appeloient à Verſail-
les

les & le forçoient de les quitter , il n'aspiroit qu'à aller promptement les rejoindre. Pendant les longues souffrances de sa dernière maladie, il n'a témoigné d'autre impatience que celle de retourner auprès d'eux. De leur côté, ses Diocésains ne désiroient pas moins de jouir de sa présence , & lorsqu'il s'éloignoit d'eux , ils trembloient toujours de ne plus le revoir. Son absence laissoit un vuide affreux dans toute cette Province, & son retour sembloit la ressusciter.

Le bien que son affection a procuré dans tout le Berry est inappréciable. Ce digne Prélat a perfectionné un établissement formé par un de ses prédécesseurs (2) & destiné à servir de retraite aux Curés vieux & infirmes. Lorsqu'il parvint au Siége de

(2) M. le Cardinal de Gesvres en 1701.

B

Bourges, cet établissement n'avoit que 4500^{tt} de revenu, M. PHÉLYPEAUX le porta à 20000^{tt}. Il fonda plusieurs Colléges dans les principales Villes de son Diocèse ; il y institua des Bureaux de Charité, &, par la manière dont il les fit administrer, il parvint à détruire la mendicité. Il donnoit 6000^{tt} par an au Bureau particulier établi à Bourges. Dans les années de disette & de cherté, sa charité procuroit aux indigens un travail qui les faisoit subsister, & il dépensa en 1769 & 1770 plus de 40000^{tt} pour cette bonne œuvre. Il s'étoit attaché depuis plusieurs années un des plus habiles Élèves de M. Moreau, premier Chirurgien de l'Hôtel-Dieu de Paris & c'étoit encore dans la vue de secourir les malheureux. Ce respectable Citoyen bien digne de seconder les intentions charitables du

Prélat avoit établi dans le Palais même de l'Archevêché & au Château de Turly une Infirmerie où les Pauvres étoient foignés & nourris aux dépens de M. DE PHÉLYPEAUX; & ces malheureux retournoient chez eux comblés encore de fes bienfaits. Les Infirmes, les Vieillards, les Chefs d'une nombreufe Famille recevoient de fa bienfaifance des fecours abondans de toute efpèce. Il penfionnoit un grand nombre d'Étudians dans les Colléges, & de jeunes Demoifelles dans les Couvents. Il dotoit celles qui étoient appelées à la vie Religieufe, & foutenoit au fervice de pauvres Gentilshommes. Ceux qu'il fecouroit étoient les feuls confidens de fes libéralités. La foule des malheureux qui ne devoient leur fubfiftance qu'à fes largeffes, étoit innombrable. Indépendamment de ce qu'il donnoit par lui-

même, il faisoit encore distribuer ses bienfaits par une personne de confiance qui
en laissoit ignorer la source à ceux qui les
recevoient. Tant qu'il a vécu, ce secret a
été gardé inviolablement, & ce n'est qu'à
sa mort que le cri douloureux des Infor-
tunés l'a trahi. Le titre de Père de Famille, de Veuve, d'Orphelin lui inspiroitun
intérêt auquel il lui étoit impossible de
résister. Sa main s'ouvroit par-tout avec
son cœur. Sa générosité ne connoissoit
de bornes, que celles de sa fortune. Son
revenu, qui étoit d'environ 300000^{tt},
ne suffisoit point à sa bienfaisance. Il auroit désiré en avoir encore davantage
pour le répandre.

Insouciant pour ses propres affaires,
indifférent à ses intérêts , il avoit con-
tracté une espèce d'apathie pour tout ce
qui lui étoit personnel. Dailleurs par sa

conftitution, il étoit naturellement peu agiffant; mais étoit-il queftion de fecourir un malheureux, de rendre un fervice, de procurer quelque genre de bien? il retrouvoit alors toute fon activité, toute fon énergie. Rien ne pouvoit arrêter fa courfe. Il mettoit dans fes démarches une perfévérance, une fuite, une fermeté qui en affuroient le fuccès. Jamais l'infortuné ne l'a inutilement imploré. Jamais il n'a fait effuyer un refus. C'eft bien de lui qu'on pouvoit dire :

> Le Pauvre alloit le voir & revenoit heureux.
>
> *Voltaire.*

Il ne pouvoit fuporter fans émotion le tableau de la mifère, & cependant il ne craignoit point de la voir. Il ne rougiffoit pas d'aller trouver l'infortune. Il penfoit ce qu'a fi bien exprimé un autre Prélat non moins bienfaisant:

L'aſpect des misères humaines
Eſt plus touchant qu'il n'eſt affreux ;
Craint-on de voir des malheureux
Lorſqu'on veut ſoulager leurs peines ?

Le C. de B.

Simple dans ſes Habits, dans ſes Meu-bles, dans ſa Maiſon, dans ſes Équi-pages, il réſervoit tout aux beſoins de l'indigence. C'étoit-là tout ſon luxe. Après s'être occupé toute ſa vie du bon-heur de ſon troupeau, il a encore voulu que ſa bienfaiſance lui ſurvécût en lé-guant par ſon Teſtament une ſomme de 60000^{tt} aux pauvres de la Ville de Bourges. On ſait avec quelle chaleur, quel courage il défendoit auprès des Miniſtres les intérêts de la Province ; & l'on n'a point oublié la diſcuſſion aſſez vive qui s'eſt élevée à ce ſujet entre ce Prélat & feu l'Abbé Terray.

Qu'un Prélat s'attire de bénédictions lorsque, Père de son troupeau, il ne fait usage de sa fortune, de ses talens & de son crédit, que pour soulager les malheureux, consoler les veuves, servir d'appui aux orphelins, concilier les esprits, réunir les familles divisées, prêcher la paix & la concorde, défendre les opprimés & ne respirer enfin que pour le bonheur de toute une Province! Un Evêque peut faire dans son Diocèse tout le bien que fait un bon Roi dans ses États. C'est ainsi qu'il retrace sur la terre l'image de la Divinité dont il est un des premiers Ministres. Sa bienfaisance & ses vertus lui donnent des droits immortels à la vénération & aux hommages des cœurs sensibles, & son Empire est d'autant plus assuré qu'il est fondé sur l'amour & sur la reconnoissance.

M. Phélypeaux ne se bornoit pas à secourir un grand nombre d'individus en particulier, il étendit encore sa vigilance pastorale généralement sur toute la Province du Berry. Comme Archevêque, il eut la gloire de présider pendant neuf ans la première Administration provinciale établie en France. Il a beaucoup contribué par sa douceur, sa justice, sa modération, son humanité à faire réussir cet essai; & ce succès a sans doute fait sentir l'utilité d'en établir de pareilles dans toutes les Provinces du Royaume. Ce fut principalement dans ces assemblées qu'on admira son éloquence, son esprit de conciliation, sa sagacité dans les discussions, la justesse de son esprit, sa sagesse dans les délibérations, son humanité à proscrire la corvée, sa justice dans la répartition des impôts, sa générosité en

offrant

offrant 30000^{tt} pour l'utilité publique, son courage pour défendre & protéger cet établissement patriotique. Tous les Membres de ces Assemblées appelés à partager avec lui les travaux glorieux qu'exige la prospérité générale du Berry peuvent en rendre témoignage. M. l'Archevêque de Bourges poussa le scrupule & la délicatesse jusqu'à n'avoir jamais voulu, malgré les plus fortes sollicitations, nommer un de ses Grands-Vicaires (3) pour Député du Clergé à cette Administration, de peur qu'on ne crût qu'il cherchoit à s'assurer des suffrages.

M. le Duc de Charost, dont

____

(3) Il est vrai que M. l'Abbé Marchand a été nommé Député du Clergé à la première Assemblée ; mais ce fut malgré M. l'Archevêque qui s'y est constamment opposé.

l'exiſtence & la fortune ſont également conſacrées à faire le bien, aſſiſtoit à ces Aſſemblées comme Député de la Nobleſſe. Les deux premiers Ordres de la Province ne purent jamais réunir pour Chefs deux hommes plus propres à inſpirer la confiance aux malheureux dont ils ſtipuloient les intérêts. En effet il s'établit entre le Prélat & le Pair de France, la plus heureuſe rivalité pour coopérer au ſoulagement des pauvres & à la proſpérité du Berry.

Digne héritier du nom & des vertus de l'immortel Sully, l'un propoſa des moyens peu diſpendieux de former un Canal qui joindroit l'Allier au Cher, &, par un travail conſidérable, démon-

---

quoique ce Grand-Vicaire étoit ſon plus intime ami. Ce furent les Membres de l'Adminiſtration qui firent ce choix qui, une fois fait, reſta juſqu'à la mort de cet Eccléſiaſtique.

tra l'importance de cette entreprife pour le Commerce du Berry, & l'influence qu'elle auroit dans les Provinces circonvoifines.

L'autre excita, par des encouragemens fans nombre, toutes les différentes branches d'induftrie. Il fit à fes frais venir d'Efpagne & de Barbarie une grande quantité de Bêtes à laine de la plus belle efpèce ; & fit conftruire, fur un nouveau plan, des Bergeries propres à les préferver d'une infinité de maladies. C'eft encore à fes frais que le Prélat encouragea & perfectionna, par des effais multipliés, les reffources de l'Agriculture. Il fit acheter en Angleterre des graines pour former des prairies artificielles, & il diftribua de tous côtés celles dont le fuccès étoit le plus affuré. Il ne perdit jamais de

C 2

vue aucun objet d'utilité publique , & il y confacra des fommes confidérables. Il excita par fon exemple le Clergé à offrir des contributions volontaires ; tous les Ordres s'empreffèrent d'imiter cette conduite généreufe , & ces différentes foufcriptions produifirent un fonds fuffifant pour les entreprifes les plus utiles.

La fupreffion générale des Corvées fut entreprife en 1775 & elle échoua; car malheureufement il n'eft que trop commun de ne rencontrer que des obftacles à faire le bien tandis qu'on trouve tant de facilités à faire le mal. M. l'Archevêque de Bourges & M. le Duc de Charoft , fecondés par tous les Membres de cette Adminif-tration & particulièrement par M. Dumont Procureur du Roi au Bureau des Finances de Bourges , eurent la gloire après les *plus* mûres délibérations & par les plus sages mesures , de faire adopter à tous les Ordres du Berry cette supression désirée , & cette tentative profondément méditée & exécutée avec douceur réussit à la satisfaction générale. C'est à peu près dans ces termes qu'en parle un (4) de nos Administrateurs les plus éclairés.

Ce devoit être un spectacle bien noble & bien touchant , de voir les Chefs de ces deux premiers Ordres également sensibles à l'infortune des malheureux Habitans des Villes & des Campagnes , non - seulement établir avec équité la répartition des impôts proportionnellement aux propriétés

---

(4) M. Necker , dans son Livre intitulé de l'*Administration des Finances*, Tom. II, pag. 214, Edition in-12.

& se taxer eux-mêmes volontairement à la plus forte cottisation , mais encore payer de leur bourse pour ceux qui n'étoient pas en état de le faire. Rien de plus rare que ce concours heureux. Plût au Ciel que les Administrations de ce genre que le Roi vient d'établir dans les différentes Provinces de son Royaume , fussent dirigées avec le même esprit d'équité , de désintéressement & d'humanité , & que les Membres qui y seront appelés prissent pour modèle le généreux dévoûment de M. l'Archevêque de Bourges & de M. le Duc de Charost ! Rien, ce me semble , ne seroit plus propre à régénérer la Nation & à réveiller dans tous les cœurs ce Patriotisme que la corruption des mœurs , l'égoïsme le plus funeste & je ne sais quel esprit inquiet

& remuant paroiſſent avoir aſſoupi depuis long-tems. Avec quels transports de tendreſſe & de joie les Peuples ne béniroient-ils pas l'auguſte Souverain qui leur accorde de pareils bienfaits, & les généreux Coopérateurs qui ſecondent ſi bien ſes intentions paternelles.

M. Phélypeaux avoit des connoiſſances très-étendues & très-variées. Ceux qui l'ont peu vu, ne lui ſoupçonnoient pas une érudition ſi prodigieuſe; il parloit & écrivoit parfaitement ſa Langue; il ſavoit très-bien le Latin, le Grec, l'Italien, l'Eſpagnol, l'Angloiſ & l'Allemand; il entendoit même paſſablement l'Hébreu. Les principaux évènemens de l'Hiſtoire ſacrée & profane lui étoient familiers. Il connoiſſoit ſupérieurement la Littérature ancienne

& moderne. Sa mémoire étoit des plus heureuses, & il n'a jamais oublié ce qu'il avoit appris. Il savoit par cœur les meilleurs modèles de l'Antiquité. Horace & Virgile étoient ses Poëtes favoris; & lorsque ses Amis vouloient lui faire réciter des morceaux de ce dernier, ils feignoient d'être organisés de manière à ne pas sentir la supériorité qu'on accorde à ce Prince des versificateurs, & de lui préférer des Écrivains modernes; alors le Prélat s'échauffoit & déclamoit avec autant de chaleur que de sensibilité l'Épisode d'Aristée dans les Géorgiques, le Sac de Troye, la descente d'Énée aux Enfers, l'amitié de Nisus & d'Euriale dans l'Énéide. Son enthousiasme faisoit passer dans l'âme des auditeurs toutes les beautés du Poète, & l'on

voit

voit par le choix des morceaux que son goût n'admettoit que l'excellent.

Si l'on veut avoir une juste idée de sa sensibilité & de sa manière d'écrire, qu'on lise la lettre qu'il adressa à tous les Curés de son Diocèse, au moment où il perdit un de ses Grands-Vicaires auquel il étoit attaché depuis sa jeunesse. Il est impossible de la lire sans être ému jusqu'aux larmes. Son âme s'y exhale toute entière ; le sentiment le plus tendre & le plus douloureux respire dans cet écrit Pastoral. Profondément affecté de cette perte, il s'abandonne aux mouvemens de son affliction, & veut la faire partager à tout ce

---

(5) M. l'Abbé Marchand, Docteur de la Maison de Navarre, Vicaire-Général, Chanoine & grand Archidiacre de l'Eglise de Bourges, Abbé de Lorroy, &c. mort le 3 Avril 1785, dans la soixante-unième année de son âge. J'ai beaucoup connu cet Ecclésiastique, & il étoit digne à tous égards de l'amitié & des regrets du bon Archevêque.

D

qui l'environne. C'eſt la douleur la plus attendriſſante exprimée avec cette noble ſimplicité, cette onction douce & pénétrante qui fait le charme des ouvrages de Virgile, de Racine & de Fénélon ; mérite aujourd'hui ſi rare & ſi méconnu. C'eſt un Chef-d'œuvre de ſtyle & de ſentiment.

Dans cette lettre il appelle celui qu'il regrette, ſon ami le plus tendre & le plus éclairé. *Sa mémoire*, dit-il en s'adreſſant à ſes Diocéſains, *nous fera ſouvent verſer des larmes ; mais ſi vous y mélez les vôtres, vous en adoucirez l'amertume. Ó mes Enfans ! la triſteſſe d'un Père eſt un ſentiment que toute ſa Famille partage, & celui que nous pleurons aujourd'hui, s'eſt acquis des droits à votre amitié, à votre eſtime & à votre reconnoiſſance.*

Laissez-moi croire, dit-il plus loin, pour augmenter ma douleur & mes regrets, que ce digne ami étant la moitié de moi-même, se croyoit responsable de mes obligations & vouloit me transporter le mérite de tout ce qu'il faisoit. Un attachement si pur ne pouvoit être payé que par la reconnoissance la plus vive. Que mon cœur étoit satisfait en lui en offrant le tribut! & si mon âme s'enfonce aujourd'hui dans la douleur, en traçant son éloge, cette douleur même a des charmes.

Avec quel intérêt, quelles couleurs touchantes ne peint-il pas cet ami! Avec quelle modestie ne parlet-il pas de lui-meme! Il regarde comme une faveur signalée du Ciel le moment où il a fait sa connoissance. Fondant en larmes aux pieds de son lit, lorsqu'il le vit près d'expirer, il le conjuroit de ne point l'oublier dans l'autre vie ; & le mourant de son côté avoit adressé au Prélat un écrit qu'il ouvrit après sa mort, & dans lequel il l'assuroit que, s'il pouvoit trouver grace au Tribunal de Dieu, il solliciteroit l'Éternel de ne point séparer pour toujours deux cœurs si tendrement unis pendant leur vie. C'est ainsi que M. PHÉLYPEAUX ressentoit l'amitié & savoit l'inspirer.

S'il écrivoit avec sensibilité, il s'exprimoit encore avec plus de grace & d'éloquence, sur-tout lorsquil étoit excité par un grand objet : alors ses yeux & sa phisionomie s'animoient tout-à-coup ; les mots, les expressions venoient se placer naturellement dans sa bouche ; les tours, les figures s'entassoient rapidement. Par la

force de ſes raiſons , par la nobleſſe
& la clarté de ſon élocution il en-
traînoit tous les ſuffrages ; & ce qui
doit ſurprendre encore davantage ,
c'eſt qu'il n'étoit jamais plus éloquent
que lorſqu'il n'étoit pas préparé. La
perſuaſion couloit de ſes lèvres ; & l'a-
vis qu'il propoſoit devenoit preſque
toujours celui de ſes auditeurs. J'en appelle à tous ceux qui ont aſſiſté avec lui,
ſoit dans les différentes commiſſions
dont il a été chargé , ſoit à la tête
de ſes Curés lorſqu'il les exhortoit,
ſoit dans les Aſſemblées Provinciales
du Berry qu'il préſidoit , ſoit dans
celles du Clergé lorſqu'il y étoit ap-
pellé , ſoit dans les Chapitres de l'Ordre du Saint-Eſprit , ſoit enfin dans
la Société Philantropique dont il étoit
un des Membres les plus zèlès.

Il faifoit un cas particulier des Gens de Lettres. Il feroit difficile d'apprécier leurs productions avec plus de juftefle & de goût. Il honoroit fur-tout les Littérateurs qui réunifſent les talens & l'honnêteté. En plaignant les écarts de quelques-uns de nos Écrivains célèbres, il ne rendoit pas moins juftice à la fupériorité de leur génie. Il étoit loin d'aprouver la perfécution qu'on s'eft quelquefois permife contre plufieurs d'entre eux. Il auroit défiré qu'on eût plutôt cherché à les ramener par les égards & par la douceur ; & perfonne, j'ofe le dire, n'étoit plus propre que lui à y réuffir. Sa piété étoit vive & fincère, mais éclairée & fans fanatifme. Il ne perdoit jamais de vue que l'Épifcopat & le Sacerdoce font des Miniftères de paix & de conciliation. Il favoit trop bien que les armes de la Religion ne font ni les glaives, ni les poignards, ni les fuplices ; mais la perfuafion, l'humanité, l'oubli des injures, le pardon des fautes. Il a gouverné fon Diocèfe avec tant de douceur, qu'il feroit difficile de citer pendant l'efpace de 30 ans deux exemples de févérité. Indulgent pour les foibleffes des autres, fa vertu pardonnoit aifément les injuftices qu'il éprouvoit perfonnellement. Il réfervoit fon indignation pour les vices qui décèlent la baffeffe & l'envie de nuire. Un Particulier dont la miffion étoit de prêcher la tolérance & la charité, crut l'obliger & fe faire valoir en venant l'informer qu'un homme auquel il cherchoit à être utile, profeffoit le Calvinifme. *Qui vous demande cela*, répartit le Prélat irrité ? *Je ne veux pas le savoir. Est-ce à vous à faire le vil métier de délateur ? Sortez*, pourfuivit-il en le conduifant vers la porte, *& ne paroissez jamais devant moi.*

Tous les malheureux pouvoient indiftinctement compter fur fes bienfaits ; mais il n'accordoit fon eftime qu'à ceux qu'il croyoit la mériter. L'honnêteté, la droiture bien conftatées étoient auprès de lui la recommandation la plus efficace. Pour les fervir, il franchiffoit tous les obftacles. Aucune efpèce de confidération ne ralentiffoit fon zèle. C'eft à ces titres qu'il avoit accordé toute fon eftime & fa confiance à M. Mélin, Intendant des Ordres. *Si dans chaque département*, difoit-il, *il fe trouvoit un feul homme aussi intègre, aussi inftruit, aussi ferme,*

les

les intrigants feroient bientôt éconduits & les honnêtes gens obtiendroient une prompte justice.

Il est impossible de pousser plus loin la bonté, l'affabilité, la prévenance même. C'eût été un suplice pour lui de se voir forcé d'annoncer une chose désagréable ou rigoureuse. Personne ne savoit obliger avec plus de grace & plus de noblesse. Personne ne craignoit tant de blesser la délicatesse des autres & n'avoit plus l'art de ménager leur amour-propre. Il n'avoit point la politesse glaciale de ces hommes en place qui craindroient de se compromettre, s'ils devenoient aimables, ni la puérile vanité de ces Nobles superbes qui, pour cacher leur impuissance, affectent des dehors importans & mystérieux, & qu'on n'eût jamais remarqués sans leurs

* E

airs insultans & dédaigneux. Cependant, lorsqu'il le falloit, personne n'avoit plus de noblesse & de dignité. Il ne confondoit point la hauteur avec une noble fierté ; convaincu que la hauteur annonce une âme sèche, un esprit étroit & ne sait que jouir des humiliations qu'elle cause, il savoit qu'au contraire la fierté est la vertu des âmes élevées, qu'elle ne va jamais sans de grandes qualités, & qu'elle se borne à ne point souffrir d'humiliations sans en faire essuyer ; en un mot il savoit trop bien que les égards qu'on accorde aux autres sont la seule manière d'en obtenir. C'est d'après ces principes qu'il me faisoit l'éloge d'un Seigneur qu'il aimoit & que j'étois à portée de voir souvent. —— *Oui Monseigneur*, lui répliquai-je, *malgré sa naissance & ses titres*

il a trouvé le secret d'être aimé généralement. — Oh! vous avez bien raison,
reprit le Prélat, ce n'est ni le rang, ni
la noblesse, ni le pouvoir qui nous font
aimer; c'est la bonté, la bienfaisance,
l'affabilité. Aussi on n'a jamais été plus
accessible. Sa porte, son oreille, son
cœur étoient ouverts à ceux qui avoient
affaire à lui. Avec ses inférieurs, il ou-
blioit aisément son rang, ses dignités;
ce qui est sans doute le moyen le plus
noble d'en faire ressouvenir. Incapable
de duplicité, il ne pouvoit la soupçonner
dans les autres. Son commerce étoit
sûr. Il ne laissoit rien transpirer du secret qui lui étoit confié. La franchise
de ses manières, son abord ouvert et
gracieux inspiroient, la confiance. Tout
le monde étoit à l'aise avec lui. On s'ima-
ginoit, en lui parlant, ne converser qu'a

vec fon ami. Enchanté de fon amabilité, pénétré de fa cordialité, de fa bonté, on étoit tenté de fe jeter à fon cou & de l'embraffer (6) : on ne le quittoit qu'avec regret. Convaincu que le rang, les titres, l'élévation ne font que des obligations plus étroites de faire le bien, il fe croyoit toujours affez grand, lorfqu'il pouvoit être bon. Les deux anecdotes fuivantes acheveront d'en convaincre le Lecteur.

.Lorfque M. Chérin, (7) Généalogifte des Ordres, fe vit au lit de la mort & prêt à recevoir le Viatique,

---

(6) Un jour, enthoufiafmé de fes manières affectueufes, ... lui dis: Monfeigneur, je fuis bien fâché que vous foyez ... fi grand Prélat; — Pourquoi, reprit-il ? — c'eft que je vous embrafferois de bien bon cœur. — Eh bien, pourfuivit-il avec bonté, contentez-vous?

(7) Mort le 21 Mai 1785.

il pria M. l'Archevêque de Bourges de vouloir bien y affifter. Le Prélat, fans héfiter, fe rendit auffi-tôt chez le mourant. Celui-ci lui recommanda fon Fils à qui il ne laiffoit qu'une fortune bornée & qu'il avoit élevé pour lui fuccéder. M. PHÉLYPEAUX fit tout ce qui dépendoit de lui pour confoler & tranquilifer le malade ? En fortant, il prit le jeune homme par la main & lui dit les larmes aux yeux : *Mon cher ami, vous avez pour Père un bien honnête homme, ne l'oubliez jamais ; & quand vous occuperez fa place, faites revivre fa droiture & fon courage.*

Il cherchoit depuis quelque-tems une place pour une perfonne qui l'intéreffoit. Il en découvre une, la demande, l'obtient, fe rend chez fon protégé qui avoit changé de demeure ;

il vole auffi-tôt à celle qu'on lui indique , le trouve , le fait monter dans fon carroffe & revient l'inftaler lui-même.

Il croyoit difficilement le mal & revenoit avec plaifir des impreffions défavantageufes qu'on lui avoit fuggérées Un jour il me parloit d'un jeune homme , intéreffant à tous égards , & dont je connoiffois la droiture & la capacité , & il m'en parloit d'une manière peu conforme aux fentimens que je lui avois connus pour ce même fujet. Je m'apperçus qu'on avoit voulu le deffervir. J'eus le courage de le défendre , & , pour mieux éclairer le Prélat , je lui propofai de comparer la conduite du jeune homme avec celle de fes détracteurs. Enfin je lui rappellai des circonftances très-touchantes qui devoient déterminer fa fenfibilité. Le Prélat attendri aux larmes, fe lève, m'embraffe & me remercie de lui avoir deffillé les yeux. A peine fus-je forti, que le jeune homme fe préfenta & fut accueilli de la manière la plus amicale. Le Prélat, par les careffes affectueufes dont il le combla, fembloit vouloir lui faire oublier un moment d'erreur. Depuis il n'a plus varié à fon égard, & a tout fait pour fon avancement.

Comme Archevêque, comme Chancelier des Ordres du Roi (8), M. PHÉLYPEAUX étoit très-jaloux de fes

____

(8) Ce fut le premier Avril 1770, que M. l'Archevêque de Bourges prêta ferment entre les mains de Louis XV, pour la Charge de Commandeur-Chancelier des Ordres du Roi. Il fuccédoit à M. le Comte de Saint-Florentin, fon parent, mort Duc de la Vrillière. C'eft aujourd'hui M. de Lamoignon, Garde des Sceaux de France, qui fuccède dans la même Charge à M. l'Archevêque de Bourges. Que ne doit-on pas attendre du defcendant de cet illuftre

prérogatives & les défendoit avec chaleur. Souvent même par son courage il est parvenu à déconcerter les batteries de l'intrigue & faire avorter les entreprises du crédit. Il regardoit ses places comme un dépôt qui lui étoit confié & qu'il devoit rendre tel qu'il l'avoit reçu. Autant il étoit attaché à ses droits, autant il étoit circonspect à ne point empiéter sur ceux des autres, & lorsqu'il se trompoit sur les siens, il cédoit de bonne grace aux raisons solides qu'on lui donnoit. Feu M. le Comte de Vergennes vers le

---

Magistrat qui a été l'ami de tous les Grands Hommes de son siècle, & qui a mérité d'être célébré de son vivant par Boileau, & après sa mort par Fléchier; enfin du plus proche parent de ce Ministre vraiment Patriote & Philosophe, à qui on attribue dans ce moment un ouvrage plein de sagesse & d'humanité en faveur des Protestans !

commencement

commencement de 1777 en m'attachant à l'Ordre du Saint-Esprit, m'avoit engagé à faire un travail particulier sur la Charge de Secrétaire-Commandeur, dont ce Ministre étoit alors titulaire. M. l'Archevêque de Bourges en fut instruit, & me pria de lui communiquer mon manuscrit. Quoique je susse que je combattois quelques-unes de ses prétentions, je n'hésitai pas à me rendre à son invitation. En parcourant mon écrit, il reclama, comme Chancelier, des droits qu'il croyoit lui appartenir. Je lui opposai mes raisons. Il les combattit avec chaleur; j'insistai avec respect & pourtant avec courage. Je lui détaillai une foule d'exemples & d'autorités qui décidoient la question. Un autre que lui seroit resté dans son

F

opinion , m'auroit témoigné de l'humeur , & n'auroit laiffé échapper aucune occafion de me faire éprouver fon reffentiment. Mais le Prélat fe rendit à mes objections , convint qu'il s'étoit trompé , & me dit : *Monfieur , vous défendez bien chaudement ceux qui vous confient leurs intéréts, & je fuis fort-aife de vous connoître ce caractère-là !* & il me retint pour paffer avec lui le refte de la journée. Depuis cette époque , il n'a ceffé de me combler de marques d'eftime, de confiance, & même, j'ofe le dire, d'amitié. La première fois qu'il revit M. le Comte de Vergennes , il n'eut rien de plus preffé que de lui parler de moi avec éloge.

Ce fut vers le milieu de l'année dernière qu'étant à Bourges, M l'Archevêque éprouva des étouffemens fuivis

d'affoupiffemens continuels qui inquié-
tèrent fes amis (9). On le détermina
à venir à Paris pour confulter fur fon
état les gens de l'art. On craignoit une
hydropifie. Quelques remèdes en firent
difparoître les fymptômes & le foula-
gèrent un moment ; mais il reffentoit
toujours un mal-aife, & fa fanté dé-
périffoit vifiblement. On lui confeilla
d'aller pendant l'été dernier refpirer l'air
de la Campagne. Il fe rendit à fon Cha-
teau d'Herbault où il jouit de quelqu'intervalle de fanté ; on fe flattoit même
de le réchapper. Lui feul voyoit avec
ferénité approcher le terme de fa carrière , & ne diffimuloit fon état que

---

(9) Ce fut dans une des Affemblées de l'Adminiftration
Provinciale, que la première attaque lui prit , & quoiqu'il
fût très-indifpofé , il ne voulut jamais quitter pour aller fe
faire foigner.

pour ne pas affliger tout ce qui l'entouroit. Il se proposoit de retourner dans son Diocèse; mais ses parens & ses amis craignant que l'air humide de cette Province ne fît empirer son mal, s'opposèrent à son desir, & le ramenèrent à Paris. Il y arriva le mercredi 19 Septembre de cette année. Pendant deux jours il se sentit assez bien pour ranimer les espérances ; mais la nuit du vendredi & celle du samedi suivant furent très orageuses. Le dimanche, 23 du même mois, vers les 3 heures de la nuit, la gangrène se manifesta à un de ses pieds, & fit des progrès si rapides que le même jour, étant assis dans son fauteuil & venant de réciter son Bréviaire, vers les 9 heures du matin, il expira en parlant, sans convulsions

& fans agonie. Sa vie a été paifible &
fa fin fut douce.

La mort du Jufte eft le foir d'un beau jour.

Qu'on fe figure dans ce moment la
confternation que ce trifte évènement
répandit dans toute fa Maifon! Ses
parens , fes amis , fes domeftiques ,
dont il étoit adoré , furent frappés en
même-tems comme d'un coup de fou-
dre. Quel fpectacle fur-tout pour Mme.
la Marquife de Flamarens , fa Nièce!
Orpheline dès l'enfance , il lui avoit
fervi de Père , & elle lui a été toujours
tendrement attachée. Elle lui a prodi-
gué de tout tems les foins les plus
touchans & n'a pas voulu le quitter
d'un feul inftant pendant fa maladie.
Accablée d'une longue fuite de veilles
qu'elle avoit paffées près de lui dans
fes derniers momens , épuifée de fati-

gues & d'inquiétudes, elle ne put supporter un affaut auffi imprévu. Tant de coups à la fois furent au-deffus de fes forces ; elle tomba malade, & a été obligée de garder le lit affez long-tems.

Il fut enterré le lendemain au foir à Saint-Sulpice, fa Paroiffe. Dans le Cortége nombreux qui accompagnoit fa pompe funèbre, j'ai vu la plus grande partie des affiftans fondre en larmes. Ce n'étoit point l'ambition qui gémiffoit de voir avec lui fes efpérances renverfées ; c'étoit l'attachement, l'amitié, la reconnoiffance, la vénération qui regrettoient dans M. l'Archevêque de Bourges, le refpectable objet de leurs plus tendres affections.

On devine aifément la défolation de tout fon Diocèfe lorfque la nouvelle de sa mort s'y fut répandue. On ne voyoit de tous côtés que des larmes : on n'entendoit que des cris & des sanglots. C'en est donc fait, s'écrioit-on, nous ne verrons donc plus notre bon Achevêque ! Les malheureux, d'une voix lugubre, redemandoient au Ciel un ami, un consolateur, un Père tendre. Ce fut un deuil universel.

M. Phélypeaux étoit d'une taille médiocre, à laquelle son extrême embonpoint nuisoit encore. Son regard avoit de la douceur ; sa phisionomie étoit sereine & riante ; son teint frais & coloré (10). Sa constitution pa-

____

(10) On peut voir un Portrait fort ressemblant de M. l'Archevêque de Bourges dans le magnifique Tableau que M. Doyen a exécuté, & qui représente la réception de Louis XVI faite à Reims le 13 Juin 1775, dans la Grande-Maîtrise des Ordres de Saint-Michel & du Saint-Esprit.

roiſſoit robuſte. Pendant 11 ans que je l'ai ſuivi, je lui ai connu quelques incommodités paſſagères & pas une mladie. Sa modeſtie & ſon extrême timidité lui donnoient quelquefois un air embarraſſé. On eût dit qu'il faiſoit, pour cacher ſes qualités, ce que tant d'autres font pour maſquer leurs défauts. Avec la politeſſe d'un homme bien né, il avoit une bonhommie charmante. Dans la Société, il n'avoit aucune eſpèce de prétention. Au milieu de ſes amis, il ſe livroit à une gaieté douce & aimable. Il ſavoit beaucoup d'anecdotes, les racontoit agréablement & ne ſe répétoit jamais. Sa facilité pour le travail étoit incroyable. En un mot, ſa conduite inſpiroit la vertu & ſa perſonne la faiſoit aimer.

J'ignore s'il a eu des foibleſſes ; mais

mais elles n'ont pu être que celles d'un excès de sensibilité ; & le Ciel même est indulgent pour tout ce qui vient d'une pareille source. Quelles foiblesses d'ailleurs ne seroient pas effacées par tout le bien qu'a fait ce Prélat adorable & par les vertus qu'il a rassemblées !

Proche Parent de deux Ministres puissans, il n'a jamais fait usage de son crédit ni pour augmenter sa fortune, ni pour nuire ; il ne s'en est servi que pour obliger & faire le bien.

Les sentimens dont ce respectable Archevêque m'honoroit, vivront éternellement dans mon cœur. Ses bontés me feront toujours présentes. Je n'oublierai jamais la manière noble & gracieuse dont il m'annonça, lorsque je m'y attendois le moins, que le Roi

G

avoit bien voulu me nommer Hiftoriographe de fes Ordres , ni tout ce
qu'il me dit d'obligeant dans cette
circonftance (11). Loin de fe faire
valoir , il s'étudioit à cacher la part
qu'il avoit à cette grace ; & même fa
joie auroit fait croire qu'il me remer-
cioit d'un fervice que j'aurois pu lui
rendre. Je tentai à plufieurs reprifes
de lui témoigner combien j'étois tou-
ché de fes bontés ; il m'interrompit
fans ceffe par des queftions étrangères
à mon objet ; & , quelqu'effort que je
fiffe , il me fut impoffible de me faire
entendre : je fus contraint de renfermer
en moi-même les tranfports & les ex-
preffions de ma jufte fenfibilité. Hélas !

---

(11) Je ne fais pas, me dit le Prélat, fi je vous fais
plaifir ; mais je fuis bien sûr d'en faire à tous ceux qui
vous connoiffent.

j'étois loin de prévoir alors que , chargé par son entremise d'écrire l'Histoire de MM. les Chevaliers & Commandeurs de l'Ordre du Saint-Esprit , son éloge seroit le premier que je dusse publier. Ah ! si des foibles écrits que j'ai mis au jour , il m'étoit permis de désirer qu'il en parvînt un à la Postérité , ce seroit celui-ci où je viens de déposer au pied de son Tombeau l'hommage de ma reconnoissance , l'amertume de mes regrets & le souvenir de ses vertus ! J'ose espérer que l'estime dont il m'honoroit pendant sa vie , me défendra même encore après sa mort.

Dans le moment où le sentiment de la reconnoissance devient plus vif & plus fort par la privation de l'objet qui l'a fait naître ; où la Famille de PHÉLYPEAUX est éteinte dans la Personne

G 2

de M. l'Archevêque de Bourges (12) ; où l'on ne peut foupçonner d'aucune efpèce de vue d'intérêt le tribut libre & pur que je rends à fa cendre, je m'abandonne à la douloureufe confolation d'entretenir le Lecteur du Prélat adorable dont la perte m'eft fi fenfible ; &, dans l'excès de mon affliction, je fuis bien fûr de l'avoir peint tel qu'il étoit. Oui, dans ce portrait, quelqu'avantageux qu'il paroiffe, je protefte n'avoir rien déguifé ni rien exagéré. C'eft entre fes mains, qu'à Dieu & au Roi j'ai juré d'être fidèle à la vérité en écrivant l'Hiftoire ; ne l'ayant point flatté de fon vivant, feroit-ce

---

(12) Il ne refte plus de cette Famille illuftre que Madame la Marquife de Flamarens, & Mademoifelle Phélypeaux, âgée d'environ cinq à fix ans, toutes deux nièces de M. l'Archevêque de Bourges, l'une fille de fa fœur & l'autre de fon frère. M. l'Archevêque en étoit le dernier mâle.

en faisant son éloge funèbre que je vou-
drois manquer à mes sermens ? Oui ,
je jure encore à son Ombre de ne
jamais les enfreindre. Puissai-je , en rem-
plissant les fonctions honorables qui me
sont confiées , ne rencontrer à l'avenir
que de pareilles vertus à publier !

FIN.

APPROBATION.

J'ai lu, par ordre de Monseigneur le Garde des Sceaux, un Ouvrage intitulé : *Éloge Historique de M. l'Archevéque de Bourges, Chancelier des Ordres du Roi &c^a*. par M. Blin de Sainmore, Historiographe des mêmes Ordres. Le sujet & la manière dont il est traité, sont également intéressants. A Paris, ce 26 Novembre 1787. DE SAUVIGNY.

Le Privilége du Roi se trouve aux Œuvres de l'Auteur.

AVIS.

Les Chefs ou Defcendans des Maifons qui ont eu des Commandeurs .de l'Ordre du Saint-Efprit, font priés d'envoyer inceffamment à *M. Blin de Sainmore*, *Hiftoriographe des Ordres du Roi*, *rue des Francs-Bourgeois Saint-Michel*, *N° 133*, *francs de port*, les anecdotes ou faits particuliers qu'ils pouroient avoir, concernant leurs Parens honorés de cet Ordre.

Il fe propofe de continuer cette Hiftoire où feu M. de St. Foix, fon prédéceffeur, l'a laiffée. En conféquence le travail dont il s'occupe, comprendra les Commandeurs reçus par Louis XIII, Louis XIV & Louis XV, & commencera par les Maifons de Condé, de la Rochefoucaud, de Gondy, de Déchaux, de l'Étang, de l'Aubefpine, d'Efpinay-Saint-Luc, Gafton d'Orléans, de Soiffons, Lorraine, Vendofme, Valois d'Angoulême, Montmorency, Cruffol-d'Uzès, Luynes, Rohan-Rochefort, Bellengreville, du Bellay, Créqui, Filhet, Béthune-Charoft, Coligny, la Guiche, Dubec, Pardaillan, Schomberg, Baffompierre, Bourdeilles, d'Ornano, Bauffremont, Potier de Trefmes, d'Angennes, Crevant, Vignolles, Gramont, Caumont, Mitte, la Madeleine, Chaulnes, Varigniez, Brichanteau-Nangis, Vivonne, Cochefilet, l'Hopital, Souvré, la Marck, la Vieuville, d'Aloigny, Saint-Lary,

Rohan-Marigny , Silly , Budos , d'Eftampes , d'Al-
bret , Bonne , Coeffier-d'Effiat , Richelieu , Nogaret,
Rébé , d'Efcoubleau-Sourdis , Longueville , Valois-
d'Alets , la Trimoille , Lévis, Coffé-Briffac , Cler-
mont-Tonnerre , d'Eftrées , Nettancourt, Senecterre,
Pompadour , Néelle , Simiane , Lannoi , Nagu ,
Maillé , Gallard de Béarn , Noailles , Baylens , la
Vallée-Foreft , Livron , Polignac, d'Arpajon , Vi-
gnerot , la Porte , Rochechouard , d'Aumont ,
Tournon , Moy , Damas , Gelas de Voifins , Bau-
dan-Parebère , Monchy , Dupleffis , Liancourt ,
Grimaldi-Monaco , Bullion , le Jay , Seguier , Pot
de Rodes , Lomenie de Brienne , Beauclerc , Phély-
peaux , Brulart de Sillery , Morant , Bouthillier,
Potier de Sceaux , Duret de Chevry , de Mefmes &c.

Il prévient qu'l ne fera ufage que des faits & anecdotes certifiés & fignés par des perfonnes connues.
Toute la Nobleffe eft fans doute intéreffée à confi-
gner dans cette Hiftoire les faits mémorables qui
font honneur à chaque Maifon.

*On ne retirera point de la Pofte les paquets qui
n'auront pas été affranchis.*

www.ingramcontent.com/pod-product-compliance
Lightning Source LLC
Chambersburg PA
CBHW061225030726
47595CB00004B/1390